U0457223

共建"一带一路"：
构建人类命运共同体的重大实践

（2023年10月）

中华人民共和国
国务院新闻办公室

人民出版社

目　　录

前　言

两千多年前,我们的先辈怀着友好交往的朴素愿望,穿越草原沙漠,开辟出联通亚欧非的陆上丝绸之路,开辟了人类文明史上的大交流时代。一千多年前,我们的先辈扬帆远航,穿越惊涛骇浪,闯荡出连接东西方的海上丝绸之路,开启了人类文明交融新时期。

古丝绸之路绵亘万里,延续千年,不仅是一条通商易货之路,也是一条文明交流之路,为人类社会发展进步作出了重大贡献。上世纪80年代以来,联合国和一些国家先后提出欧亚大陆桥设想、丝绸之路复兴计划等,反映了各国人民沟通对话、交流合作的共同愿望。

2013年3月,习近平主席提出构建人类命运共同体理念;9月和10月,先后提出共建"丝绸之路经济带"和"21世纪海上丝绸之路"。共建"一带一路"倡议,创造性地传承弘扬古丝绸之路这一人类历史文明发展成果,并赋予其新的时代精神和人文内涵,为构建人类命运共同体提供了实践平台。

10年来，在各方的共同努力下，共建"一带一路"从中国倡议走向国际实践，从理念转化为行动，从愿景转变为现实，从谋篇布局的"大写意"到精耕细作的"工笔画"，取得实打实、沉甸甸的成就，成为深受欢迎的国际公共产品和国际合作平台。

10年来，共建"一带一路"不仅给相关国家带来实实在在的利益，也为推进经济全球化健康发展、破解全球发展难题和完善全球治理体系作出积极贡献，开辟了人类共同实现现代化的新路径，推动构建人类命运共同体落地生根。

为介绍共建"一带一路"10年来取得的成果，进一步增进国际社会的认识理解，推进共建"一带一路"高质量发展，让"一带一路"惠及更多国家和人民，特发布此白皮书。

一、源自中国属于世界

当今世界正处于百年未有之大变局，人类文明发展面临越来越多的问题和挑战。中国着眼人类前途命运和整体利益，因应全球发展及各国期待，继承和弘扬丝路精神这一人类文明的宝贵遗产，提出共建"一带一路"倡议。这一倡议，连接着历史、现实与未来，源自中国、面向世界、惠及全人类。

（一）根植历史，弘扬丝路精神

公元前 140 年左右的中国汉代，张骞从长安出发，打通了东方通往西方的道路，完成了"凿空之旅"。中国唐宋元时期，陆上和海上丝绸之路共同发展，成为连接东西方的重要商道。15 世纪初的明代，郑和七次远洋航海，促进了海上丝绸之路商贸往来。千百年来，古丝绸之路犹如川流不息的"大动脉"，跨越尼罗河流域、底格里斯河和幼发拉底河流域、印度河和恒河流域、黄河和长江流域，跨越埃及文明、巴比伦文明、印度文明、中华文明的发祥地,跨越佛教、基督教、伊斯兰教信众的汇集地,跨越不同国度和肤色人民的聚集地,促进了亚欧大陆各国互联互通,推动了东西方文明交流互鉴,创造了地区大发展大繁荣,积淀了以和平合作、开放包容、互学互鉴、互利共赢为核心的丝路精神。

作为东西方交流合作的象征,千年古丝绸之路深刻昭示:只要坚持团结互信、平等互利、包容互鉴、合作共赢,不同民族、不同信仰、不同文化背景的国家完全可以共享和平、共同发展。丝路精神与中华民族历来秉持的天下大同、万国咸宁的美好理念相契合,与中国人一贯的协和万邦、亲仁善邻、立己达人的处世之道相符合,与当今时代和平、发展、合作、共赢的时代潮流相适应。

中国共产党是胸怀天下的大党,中国是坚持和平发展的大国。共建"一带一路"在新的时代背景下弘扬丝路精神,唤起人们对过往时代的美好记忆,激发各国实现互联互通的热情。共建"一带一路"既是向历史致敬,再现古丝绸之路陆上"使者相望于道,商旅不绝于途"的盛况、海上"舶交海中,不知其数"的繁华;更是向未来拓路,从古丝绸之路和丝路精神中汲取智慧和力量,沿着历史的方向继续前进,更好地融通中国梦和世界梦,实现各国人民对文明交流的渴望、对和平安宁的期盼、对共同发展的追求、对美好生活的向往。

（二）因应现实，破解发展难题

发展是解决一切问题的总钥匙，经济全球化为世界经济发展提供了强大动力。500多年前，在古丝绸之路中断半个多世纪后，大航海时代来临，根本改变了人类社会的发展格局。近代以来，随着科技革命和生产力的发展，经济全球化成为历史潮流。特别是20世纪90年代后，经济全球化快速发展，促进了贸易大繁荣、投资大便利、人员大流动、技术大发展，为人类社会发展进步作出重要贡献。但是，少数国家主导的经济全球化，并没有实现普遍普惠的发展，而是造成富者愈富、贫者愈贫，发达国家和发展中国家以及发达国家内部的贫富差距越来越大。很多发展中国家在经济全球化中获利甚微甚至丧失自主发展能力，难以进入现代化的轨道。个别国家大搞单边主义、保护主义、霸权主义，经济全球化进程遭遇逆流，世界经济面临衰退风险。全球经济增长动能不足、全球经济治理体系不完善、全球经济发展失衡等问题，迫切需要解决；世界经济发展由少数国家主导、经济规则由少数国家掌控、发展成果被少数国家独享的局面，必须得到改变。

共建"一带一路"既是为了中国的发展,也是为了世界的发展。经济全球化的历史大势不可逆转,各国不可能退回到彼此隔绝、闭关自守的时代。但是,经济全球化在形式和内容上面临新的调整,应该朝着更加开放、包容、普惠、平衡、共赢的方向发展。中国是经济全球化的受益者,也是贡献者。中国积极参与经济全球化进程,在与世界的良性互动中实现了经济快速发展,成功开辟和推进了中国式现代化,拓展了发展中国家走向现代化的路径选择。中国经济快速增长和改革开放持续推进,为全球经济稳定和增长、开放型世界经济发展提供了重要动力。中国是经济全球化的坚定支持者、维护者。共建"一带一路"在理念、举措、目标等方面与联合国 2030 年可持续发展议程高度契合,既是中国扩大开放的重大举措,旨在以更高水平开放促进更高质量发展,与世界分享中国发展机遇;也是破解全球发展难题的中国方案,旨在推动各国共同走向现代化,推进更有活力、更加包容、更可持续的经济全球化进程,让发展成果更多更公平地惠及各国人民。

（三）开创未来,让世界更美好

随着世界多极化、经济全球化、社会信息化、文化多样化深入发展,各国相互联系和彼此依存比过去任何时候都更频繁、更紧密,人类越来越成为你中有我、我中有你的命运共同体。同时,全球和平赤字、发展赤字、安全赤字、治理赤字有增无减,地区冲突、军备竞赛、粮食安全、恐怖主义、网络安全、气候变化、能源危机、重大传染性疾病、人工智能等传统和非传统安全问题交叉叠加,人类共同生活的这颗美丽星球面临严重威胁。面对层出不穷的全球性问题和挑战,人类社会需要新的思想和理念,需要更加公正合理、更趋平衡、更具韧性、更为有效的全球治理体系。建设一个什么样的世界,人类社会如何走向光明的未来,攸关每个国家、每个人,必须回答好这一时代课题,作出正确的历史抉择。

作为负责任的发展中大国,中国从人类共同命运和整体利益出发,提出构建人类命运共同体,建设一个持久和平、普遍安全、共同繁荣、开放包容、清洁美丽的世界,为人类未来勾画了新的美好愿景。共建"一带一路"以构建人类命运共同体为最高目标,并为实现这一目标搭建了实践平台、提供了实现路径,推动美好愿景不断落实落地,是完善全球治理的重要公共产品。共建"一带一路"跨越不同地域、不同文明、不同发展阶段,超越意识形态分歧和社会制度差异,推动各国共享机遇、共谋发展、共同繁荣,打造政治互信、经济融合、文化包容的利益共同体、责任共同体和命运共同体,成为构建人类命运共同体的生动实践。共建"一带一路"塑造了人们对世界的新认知新想象,开创了国际交往的新理念新范式,推动全球治理体系朝着更加公正合理的方向发展,引领人类社会走向更加美好的未来。

二、铺就共同发展繁荣之路

共建"一带一路"秉持人类命运共同体理念，倡导并践行适应时代发展的全球观、发展观、安全观、开放观、合作观、文明观、治理观，为世界各国走向共同发展繁荣提供了理念指引和实践路径。

（一）原则：共商、共建、共享

共建"一带一路"以共商共建共享为原则，积极倡导合作共赢理念与正确义利观，坚持各国都是平等的参与者、贡献者、受益者，推动实现经济大融合、发展大联动、成果大共享。

共建"一带一路"坚持共商原则，不是中国一家的独奏，而是各方的大合唱，倡导并践行真正的多边主义，坚持大家的事由大家商量着办，充分尊重各国发展水平、经济结构、法律制度和文化传统的差异，强调平等参与、沟通协商、集思广益，不附带任何政治或经济条件，以自愿为基础，最大程度凝聚共识。各国无论大小、强弱、贫富,都是平等参与,都可以在双多边合作中积极建言献策。各方加强双边或多边沟通和磋商,共同探索、开创性设立诸多合作机制,为不同发展阶段的经济体开展对话合作、参与全球治理提供共商合作平台。

共建"一带一路"坚持共建原则,不是中国的对外援助计划和地缘政治工具,而是联动发展的行动纲领;不是现有地区机制的替代,而是与其相互对接、优势互补。坚持各方共同参与,深度对接有关国家和区域发展战略,充分发掘和发挥各方发展潜力和比较优势,共同开创发展新机遇、谋求发展新动力、拓展发展新空间,实现各施所长、各尽所能,优势互补、联动发展。通过双边合作、第三方市场合作、多边合作等多种形式,鼓励更多国家和企业深入参与,形成发展合力。遵循市场规律,通过市场化运作实现参与各方的利益诉求,企业是主体,政府主要发挥构建平台、创立机制、政策引导的作用。中国发挥经济体量和市场规模巨大,基础设施建设经验丰富,装备制造能力强、质量好、性价比高以及产业、资金、技术、人才、管理等方面的综合优势,在共建"一带一路"中发挥了引领作用。

共建"一带一路"坚持共享原则,秉持互利共赢的合作观,寻求各方利益交汇点和合作最大公约数,对接各方发展需求、回应人民现实诉求,实现各方共享发展机遇和成果,不让任何一个国家掉队。共建国家大多属于发展中国家,各方聚力解决发展中国家基础设施落后、产业发展滞后、工业化程度低、资金和技术缺乏、人才储备不足等短板问题,促进经济社会发展。中国坚持道义为先、义利并举,向共建国家提供力所能及的帮助,真心实意帮助发展中国家加快发展,同时,以共建"一带一路"推动形成陆海内外联动、东西双向互济的全面开放新格局,建设更高水平开放型经济新体制,加快构建以国内大循环为主体、国内国际双循环相互促进的新发展格局。

（二）理念:开放、绿色、廉洁

共建"一带一路"始终坚守开放的本色、绿色的底色、廉洁的亮色,坚持开放包容,推进绿色发展,以零容忍态度打击腐败,在高质量发展的道路上稳步前行。

共建"一带一路"是大家携手前行的阳光大道,不是某一方面的私家小路,不排除、也不针对任何一方,不打地缘博弈小算盘,不搞封闭排他"小圈子",也不搞基于意识形态标准划界的小团体,更不搞军事同盟。从亚欧大陆到非洲、美洲、大洋洲,无论什么样的政治体制、历史文化、宗教信仰、意识形态、发展阶段,只要有共同发展的意愿都可以参与其中。各方以开放包容为导向,坚决反对保护主义、单边主义、霸权主义,共同推进全方位、立体化、网络状的大联通格局,探索开创共赢、共担、共治的合作新模式,构建全球互联互通伙伴关系,建设和谐共存的大家庭。

共建"一带一路"顺应国际绿色低碳发展趋势,倡导尊重自然、顺应自然、保护自然,尊重各方追求绿色发展的权利,响应各方可持续发展需求,形成共建绿色"一带一路"共识。各方积极开展"一带一路"绿色发展政策对话,分享和展示绿色发展理念和成效,增进绿色发展共识和行动,深化绿色基建、绿色能源、绿色交通、绿色金融等领域务实合作,努力建设资源节约、绿色低碳的丝绸之路,为保护生态环境、实现碳达峰和碳中和、应对气候变化作出重要贡献。中国充分发挥在可再生能源、节能环保、清洁生产等领域优势,运用中国技术、产品、经验等,推动绿色"一带一路"合作蓬勃发展。

共建"一带一路"将廉洁作为行稳致远的内在要求和必要条件,始终坚持一切合作在阳光下运行。各方一道完善反腐败法治体系建设和机制建设,深化反腐败法律法规对接,务实推进国际反腐合作,坚决反对各类腐败和其他国际犯罪活动,持续打击商业贿赂行为,让资金、项目在廉洁中高效运转,让各项合作更好地落地开展,让"一带一路"成为风清气正的廉洁之路。2019年4月,中国与有关国家、国际组织以及工商学术界代表共同发起了《廉洁丝绸之路北京倡议》,呼吁各方携手共商、共建、共享廉洁丝绸之路。中国"走出去"企业坚持合规守法经营,既遵守中国的法律,也遵守所在国当地法律和国际规则,提升海外廉洁风险防范能力,加强项目监督管理和风险防控,打造良心工程、干净工程、精品工程;中央企业出台重点领域合规指南868件,制定岗位合规职责清单5000多项,中央企业、中央金融企业及分支机构制定和完善境外管理制度1.5万余项。2020年11月,60余家深度参与"一带一路"建设的中方企业共同发起《"一带一路"参与企业廉洁合规倡议》。

(三) 目标:高标准、可持续、惠民生

共建"一带一路"以高标准、可持续、惠民生为目标,努力实现更高合作水平、更高投入效益、更高供给质量、更高发展韧性,推动高质量共建"一带一路"不断走深走实。

共建"一带一路"引入各方普遍支持的规则标准,推动

企业在项目建设、运营、采购、招投标等环节执行普遍接受的国际规则标准，以高标准推动各领域合作和项目建设。倡导对接国际先进规则标准，打造高标准自由贸易区，实行更高水平的贸易投资自由化便利化政策，畅通人员、货物、资金、数据安全有序流动，实现更高水平互联互通和更深层次交流合作。坚持高标准、接地气，对标国际一流、追求高性价比，先试点、再推广，倡导参与各方采用适合自己的规则标准、走符合自身国情的发展道路。中国成立高规格的推进"一带一路"建设领导机构，发布一系列政策文件，推动共建"一带一路"顶层设计不断完善、务实举措不断落地。

共建"一带一路"对接联合国 2030 年可持续发展议程，走经济、社会、环境协调发展之路，努力消除制约发展的根源和障碍，增强共建国家自主发展的内生动力，推动各国实现持久、包容和可持续的经济增长，并将可持续发展理念融入项目选择、实施、管理等各个方面。遵循国际惯例和债务可持续原则，不断完善长期、稳定、可持续、风险可控的投融资体系，积极创新投融资模式、拓宽投融资渠道，形成了稳定、透明、高质量的资金保障体系，确保商业和财政上的可持续性。没有任何一个国家因为参与共建"一带一路"

合作而陷入债务危机。

共建"一带一路"坚持以人民为中心,聚焦消除贫困、增加就业、改善民生,让合作成果更好惠及全体人民。各方深化公共卫生、减贫减灾、绿色发展、科技教育、文化艺术、卫生健康等领域合作,促进政党、社会组织、智库和青年、妇女及地方交流协同并进,着力打造接地气、聚人心的民生工程,不断增强民众的获得感和幸福感。中国积极推进对外援助和惠及民生的"小而美"项目建设,足迹从亚洲到非洲,从拉丁美洲到南太平洋,一条条公路铁路,一座座学校医院,一片片农田村舍,助力共建国家减贫脱贫、增进民生福祉。

(四)愿景:造福世界的幸福路

作为一个发展的倡议、合作的倡议、开放的倡议,共建"一带一路"追求的是发展、崇尚的是共赢、传递的是希望,目的是增进理解信任、加强全方位交流,进而促进共同发展、实现共同繁荣。

和平之路。和平是发展的前提,发展是和平的基础。共建"一带一路"超越以实力抗衡为基础的丛林法则、霸权秩序,摒弃你输我赢、你死我活的零和逻辑,跳出意识形态对立、地缘政治博弈的冷战思维,走和平发展道路,致力于从根本上解决永久和平和普遍安全问题。各国尊重彼此主权、尊严、领土完整,尊重彼此发展道路和社会制度,尊重彼此核心利益和重大关切。中国作为发起方,积极推动构建相互尊重、公平正义、合作共赢的新型国际关系,打造对话不对抗、结伴不结盟的伙伴关系,推动各方树立共同、综合、合作、可持续的新安全观,营造共建共享的安全格局,构建和平稳定的发展环境。

繁荣之路。共建"一带一路"不走剥削掠夺的殖民主义老路,不做凌驾于人的强买强卖,不搞"中心—边缘"的依附体系,更不转嫁问题、以邻为壑、损人利己,目标是实现互利共赢、共同发展繁荣。各方紧紧抓住发展这个最大公约数,发挥各自资源和潜能优势,激发各自增长动力,增强自主发展能力,共同营造更多发展机遇和空间,推动形成世界经济增长新中心、新动能,带动世界经济实现新的普惠性增长,推动全球发展迈向平衡协调包容新阶段。

开放之路。共建"一带一路"超越国界阻隔、超越意识形态分歧、超越发展阶段区别、超越社会制度差异、超越地缘利益纷争,是开放包容的合作进程;不是另起炉灶、推倒重来,而是对现有国际机制的有益补充和完善。各方坚持多边贸易体制的核心价值和基本原则,共同打造开放型合作平台,维护和发展开放型世界经济,创造有利于开放发展的环境,构建公正、合理、透明的国际经贸投资规则体系,推进合作共赢、合作共担、合作共治的共同开放,促进生产要素有序流动、资源高效配置、市场深度融合,促进贸易和投资自由化便利化,维护全球产业链供应链稳定畅通,建设开放、包容、普惠、平衡、共赢的经济全球化。

创新之路。创新是推动发展的重要力量。共建“一带一路”坚持创新驱动发展,把握数字化、网络化、智能化发展机遇,探索新业态、新技术、新模式,探寻新的增长动能和发展路径,助力各方实现跨越式发展。各方共同加强数字基础设施互联互通,推进数字丝绸之路建设,加强科技前沿领域创新合作,促进科技同产业、科技同金融深度融合,优化创新环境,集聚创新资源,推动形成区域协同创新格局,缩小数字鸿沟,为共同发展注入强劲动力。

文明之路。共建“一带一路”坚持平等、互鉴、对话、包容的文明观,弘扬和平、发展、公平、正义、民主、自由的全人类共同价值,以文明交流超越文明隔阂,以文明互鉴超越文明冲突,以文明共存超越文明优越,推动文明间和而不同、求同存异、互学互鉴。各方积极建立多层次人文合作机制,搭建更多合作平台,开辟更多合作渠道,密切各领域往来,推动不同国家间相互理解、相互尊重、相互信任,更好地凝聚思想和价值共识,实现人类文明创新发展。

三、促进全方位多领域互联互通

共建"一带一路"围绕互联互通，以基础设施"硬联通"为重要方向，以规则标准"软联通"为重要支撑，以共建国家人民"心联通"为重要基础，不断深化政策沟通、设施联通、贸易畅通、资金融通、民心相通，不断拓展合作领域，成为当今世界范围最广、规模最大的国际合作平台。

（一）政策沟通广泛深入

政策沟通是共建"一带一路"的重要保障。中国与共建国家、国际组织积极构建多层次政策沟通交流机制，在发展战略规划、技术经济政策、管理规则和标准等方面发挥政策协同效应，共同制订推进区域合作的规划和措施，为深化务实合作注入了"润滑剂"和"催化剂"，共建"一带一路"日益成为各国交流合作的重要框架。

战略对接和政策协调持续深化。在全球层面，2016年11月，在第71届联合国大会上，193个会员国一致赞同将

"一带一路"倡议写入联大决议；2017 年 3 月，联合国安理会通过第 2344 号决议，呼吁通过"一带一路"建设等加强区域经济合作；联合国开发计划署、世界卫生组织等先后与中国签署"一带一路"合作协议。在世界贸易组织，中国推动完成《投资便利化协定》文本谈判，将在超过 110 个国家和地区建立协调统一的投资管理体系，促进"一带一路"投资合作。在区域和多边层面，共建"一带一路"同联合国 2030 年可持续发展议程、《东盟互联互通总体规划 2025》、东盟印太展望、非盟《2063 年议程》、欧盟欧亚互联互通战略等有效对接，支持区域一体化进程和全球发展事业。在双边层面，共建"一带一路"与俄罗斯欧亚经济联盟建设、哈萨克斯坦"光明之路"新经济政策、土库曼斯坦"复兴丝绸之路"战略、蒙古国"草原之路"倡议、印度尼西亚"全球海洋支点"构想、菲律宾"多建好建"规划、越南"两廊一圈"、南非"经济重建和复苏计划"、埃及苏伊士运河走廊开发计划、沙特"2030 愿景"等多国战略实现对接。截至 2023 年 6 月底，中国与五大洲的 150 多个国家、30 多个国际组织签署了 200 多份共建"一带一路"合作文件，形成一大批标志性项目和惠民生的"小而美"项目。

政策沟通长效机制基本形成。以元首外交为引领，以政府间战略沟通为支撑,以地方和部门间政策协调为助力,以企业、社会组织等开展项目合作为载体,建立起多层次、多平台、多主体的常规性沟通渠道。中国成功举办两届"一带一路"国际合作高峰论坛,为各参与国家和国际组织深化交往、增进互信、密切来往提供了重要平台。2017年的第一届"一带一路"国际合作高峰论坛,29个国家的元首和政府首脑出席,140多个国家和80多个国际组织的1600多名代表参会,形成了5大类、279项务实成果。2019年的第二届"一带一路"国际合作高峰论坛,38个国家的元首和政府首脑及联合国秘书长、国际货币基金组织总裁等40位领导人出席圆桌峰会,超过150个国家、92个国际组织的6000余名代表参会,形成了6大类、283项务实成果。

多边合作不断推进。在共建"一带一路"框架下,中外合作伙伴发起成立了20余个专业领域多边对话合作机制,涵盖铁路、港口、能源、金融、税收、环保、减灾、智库、媒体等领域,参与成员数量持续提升。共建国家还依托中国—东盟(10+1)合作、中非合作论坛、中阿合作论坛、中拉论坛、中国—太平洋岛国经济发展合作论坛、中国—中东欧国家合作、世界经济论坛、博鳌亚洲论坛、中国共产党与世界政党领导人峰会等重大多边合作机制平台,不断深化务实合作。

规则标准对接扎实推进。标准化合作水平不断提升，截至 2023 年 6 月底，中国已与巴基斯坦、俄罗斯、希腊、埃塞俄比亚、哥斯达黎加等 65 个国家标准化机构以及国际和区域组织签署了 107 份标准化合作文件，促进了民用航空、气候变化、农业食品、建材、电动汽车、油气管道、物流、小水电、海洋和测绘等多领域标准国际合作。"一带一路"标准信息平台运行良好，标准化概况信息已覆盖 149 个共建国家，可提供 59 个国家、6 个国际和区域标准化组织的标准化题录信息精准检索服务，在共建国家间架起了标准互联互通的桥梁。中国标准外文版供给能力持续提升，发布国家标准外文版近 1400 项、行业标准外文版 1000 多项。2022 年 5 月，亚非法协在香港设立区域仲裁中心，积极为共建"一带一路"提供多元纠纷解决路径。中国持续加强与俄罗斯、马来西亚、新加坡等 22 个国家和地区的跨境会计审计监管合作，为拓展跨境投融资渠道提供制度保障。

（二）设施联通初具规模

设施联通是共建"一带一路"的优先领域。共建"一带一路"以"六廊六路多国多港"为基本架构，加快推进多层次、复合型基础设施网络建设，基本形成"陆海天网"四位一体的互联互通格局,为促进经贸和产能合作、加强文化交流和人员往来奠定了坚实基础。

经济走廊和国际通道建设卓有成效。共建国家共同推进国际骨干通道建设,打造连接亚洲各次区域以及亚欧非之间的基础设施网络。中巴经济走廊方向,重点项目稳步推进,白沙瓦—卡拉奇高速公路(苏库尔至木尔坦段)、喀喇昆仑公路二期(赫韦利扬—塔科特段)、拉合尔轨道交通橙线项目竣工通车,萨希瓦尔、卡西姆港、塔尔、胡布等电站保持安全稳定运营,默拉直流输电项目投入商业运营,卡洛特水电站并网发电,拉沙卡伊特别经济区进入全面建设阶段。新亚欧大陆桥经济走廊方向,匈塞铁路塞尔维亚贝尔格莱德—诺维萨德段于 2022 年 3 月开通运营,匈牙利布达佩斯—克莱比奥段启动轨道铺设工作;克罗地亚佩列沙茨跨海大桥迎来通车一周年;双西公路全线贯通;黑山南北高速公路顺利建成并投入运营。中国—中南半岛经济走廊方向,中老铁路全线建成通车且运营成效良好,黄金运输通道作用日益彰显;作为中印尼共建"一带一路"的旗舰项目,时速 350 公里的雅万高铁开通运行;中泰铁路一期(曼谷—呵叻)签署线上工程合同,土建工程已开工 11 个标段(其中 1 个标段已完工)。中蒙俄经济走廊方向,中俄黑河公路桥、同江铁路桥通车运营,中俄东线天然气管道正式通气,中蒙俄中线铁路升级改造和发展可行性研究正式启动。中国—中亚—西亚经济走廊方向,中吉乌公路运输线路实现常态化运行,中国—中亚天然气管道运行稳定,哈萨克斯坦北哈州粮油专线与中欧班列并网运行。孟中印缅经济走廊方向,中缅原油和天然气管道建成投产,中缅铁路木姐—曼德勒铁路完成可行性研究,曼德勒—皎漂铁路启动可行性研究,中孟友谊大桥、多哈扎里至科克斯巴扎尔铁路等项目建设取得积极进展。在非洲,蒙内铁路、亚吉铁路等先后通车运营,成为拉动东非乃至整个非洲国家纵深发展的重要通道。

专栏 1　蒙内铁路促进肯尼亚经济社会发展

　　肯尼亚蒙内铁路东起东非第一大港口蒙巴萨,经首都内罗毕,向西北延伸到苏苏瓦站,全长 592 公里,采用中国标准、技术、装备和运营管理,是中肯共建"一带一路"的重要成果之一,被誉为友谊之路、合作共赢之路、繁荣发展之路和生态环保之路。

　　蒙内铁路是肯尼亚独立以来最大的基础设施建设项目,自 2017 年开通运营以来,对肯尼亚经济社会发展和民生改善产生了积极影响,也大幅降低了东非内陆地区的产品经蒙巴萨港出口的物流成本。截至 2023 年 8 月 31 日,蒙内铁路日均开行 6 列旅客列车,累计发送旅客 1100 万人次,平均上座率保持在 95% 以上;日均开行 17 列货运列车,累计发送货物 2800 万吨。据肯尼亚政府估计,蒙内铁路对肯尼亚经济增长的贡献率达 2%。

在蒙内铁路建设和运营过程中,中国企业注重技术转移,对当地员工进行培训。建设期间,对超过 3 万名肯尼亚员工进行了入职培训,每年选拔当地青年赴中国参加培训和学历教育。自开通运营以来,采取"因人因专业因岗位"的培训方式,已为肯尼亚培养专业技术成熟人员 1152 名。

海上互联互通水平不断提升。共建国家港口航运合作不断深化,货物运输效率大幅提升:希腊比雷埃夫斯港年货物吞吐量增至 500 万标箱以上,跃升为欧洲第四大集装箱港口、地中海领先集装箱大港;巴基斯坦瓜达尔港共建取得重大进展,正朝着物流枢纽和产业基地的目标稳步迈进;缅甸皎漂深水港项目正在开展地勘、环社评等前期工作;斯里兰卡汉班托塔港散杂货年吞吐量增至 120.5 万吨;意大利瓦多集装箱码头开港运营,成为意大利第一个半自动化码头;尼日利亚莱基深水港项目建成并投入运营,成为中西非地区重要的现代化深水港。"丝路海运"网络持续拓展,截至 2023 年 6 月底,"丝路海运"航线已通达全球 43 个国家的 117 个港口,300 多家国内外知名航运公司、港口企业、智库等加入"丝路海运"联盟。"海上丝绸之路海洋环境预报保障系统"持续业务化运行,范围覆盖共建国家 100 多个城市。

"空中丝绸之路"建设成效显著。共建国家间航空航线网络加快拓展,空中联通水平稳步提升。中国已与 104 个共建国家签署双边航空运输协定,与 57 个共建国家实现空中直航,跨境运输便利化水平不断提高。中国企业积极参与巴基斯坦、尼泊尔、多哥等共建国家民航基础设施领域合作,助力当地民航事业发展。中国民航"一带一路"合作平台于 2020 年 8 月正式成立,共建国家民航交流合作机制和平台更加健全。新冠疫情期间,以河南郑州—卢森堡为代表的"空中丝绸之路"不停飞、不断航,运送大量抗疫物资,在中欧间发挥了"空中生命线"的作用,为维护国际产业链供应链稳定作出了积极贡献。

国际多式联运大通道持续拓展。中欧班列、中欧陆海快线、西部陆海新通道、连云港—霍尔果斯新亚欧陆海联运等国际多式联运稳步发展。中欧班列通达欧洲 25 个国家的 200 多个城市,86 条时速 120 公里的运行线路穿越亚欧腹地主要区域,物流配送网络覆盖欧亚大陆;截至 2023 年 6 月底,中欧班列累计开行 7.4 万列,运输近 700 万标箱,货物品类达 5 万多种,涉及汽车整车、机械设备、电子产品等 53 大门类,合计货值超 3000 亿美元。中欧陆海快线从无到有,成为继传统海运航线、陆上中欧班列之外中欧间的第三条贸易通道,2022 年全通道运输总箱量超过 18 万标箱,火车开行 2600 余列。西部陆海新通道铁海联运班列覆盖中国中西部 18 个省（区、市），货物流向通达 100 多个国家的 300 多个港口。

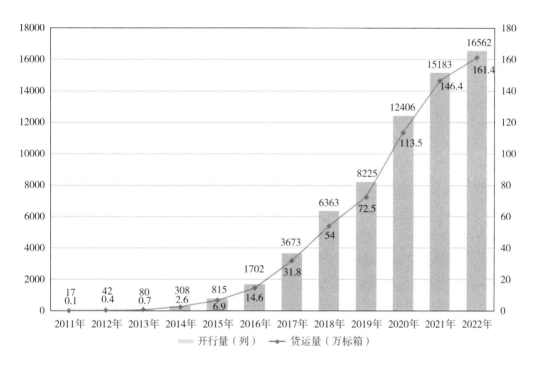

图 1　2011—2022 年中欧班列开行量及货运量

（三）贸易畅通便捷高效

贸易投资合作是共建"一带一路"的重要内容。共建国家着力解决贸易投资自由化便利化问题，大幅消除贸易投资壁垒，改善区域内和各国营商环境，建设自由贸易区，拓宽贸易领域、优化贸易结构，拓展相互投资和产业合作领域，推动建立更加均衡、平等和可持续的贸易体系，发展互利共赢的经贸关系,共同做大做好合作"蛋糕"。

贸易投资规模稳步扩大。2013—2022年,中国与共建国家进出口总额累计19.1万亿美元,年均增长6.4%;与共建国家双向投资累计超过3800亿美元,其中中国对外直接投资超过2400亿美元;中国在共建国家承包工程新签合同额、完成营业额累计分别达到2万亿美元、1.3万亿美元。2022年,中国与共建国家进出口总额近2.9万亿美元,占同期中国外贸总值的45.4%,较2013年提高了6.2个百分点;中国民营企业对共建国家进出口总额超过1.5万亿美元,占同期中国与共建国家进出口总额的53.7%。

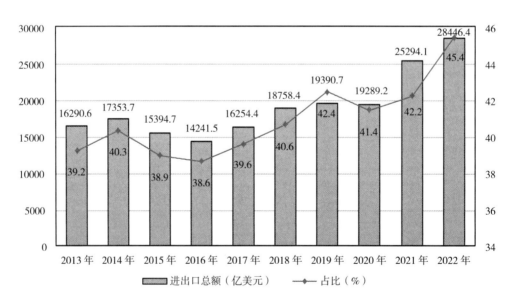

图2 2013—2022年中国与共建国家进出口总额及其占中国外贸总值比重

贸易投资自由化便利化水平不断提升。共建国家共同维护多边主义和自由贸易,努力营造密切彼此间经贸关系的良好制度环境,在工作制度对接、技术标准协调、检验结果互认、电子证书联网等方面取得积极进展。截至2023年8月底,80多个国家和国际组织参与中国发起的《"一带一路"贸易畅通合作倡议》。中国与28个国家和地区签署21个自贸协定;《区域全面经济伙伴关系协定》(RCEP)于2022年1月1日正式生效,是世界上人口规模和经贸规模最大的自贸区,与共建"一带一路"覆盖国家和地区、涵盖领域和内容等方面相互重叠、相互补充,在亚洲地区形成双轮驱动的经贸合作发展新格局。中国还积极推动加入《全面与进步跨太平洋伙伴关系协定》(CPTPP)和《数字经济伙伴关系协定》(DEPA)。中国与135个国家和地区签订了双边投资协定;与112个国家和地区签署了避免双重征税协定(含安排、协议);与35个共建国家实现"经认证的经营者"(AEO)互认;与14个国家签署第三方市场合作文件。中国与新加坡、巴基斯坦、蒙古国、伊朗等共建国家建立了"单一窗口"合作机制、签署了海关检验检疫合作文件,有效提升了口岸通关效率。

贸易投资平台作用更加凸显。中国国际进口博览会是全球首个以进口为主题的国家级展会,已连续成功举办五届,累计意向成交额近 3500 亿美元,约 2000 个首发首展商品亮相,参与国别与参与主体多元广泛,成为国际采购、投资促进、人文交流、开放合作、全球共享的国际公共平台。中国进出口商品交易会、中国国际服务贸易交易会、中国国际投资贸易洽谈会、中国国际消费品博览会、全球数字贸易博览会、中非经贸博览会、中国—阿拉伯国家博览会、中俄博览会、中国—中东欧国家博览会、中国—东盟博览会、中国—亚欧博览会等重点展会影响不断扩大,有力促进了共建国家之间的经贸投资合作。中国香港特别行政区成功举办了 8 届"一带一路"高峰论坛,中国澳门特别行政区成功举办了 14 届国际基础设施投资与建设高峰论坛,在助力共建"一带一路"经贸投资合作中发挥了重要作用。

产业合作深入推进。共建国家致力于打造协同发展、互利共赢的合作格局,有力促进了各国产业结构升级、产业链优化布局。共建国家共同推进国际产能合作,深化钢铁、有色金属、建材、汽车、工程机械、资源能源、农业等传统行业合作,探索数字经济、新能源汽车、核能与核技术、5G 等新兴产业合作,与有意愿的国家开展三方、多方市场合作,促进各方优势互补、互惠共赢。截至 2023 年 6 月底,中国已同 40 多个国家签署了产能合作文件,中国国际矿业大会、中国—东盟矿业合作论坛等成为共建国家开展矿业产能合作的重要平台。上海合作组织农业技术交流培训示范基地助力共建"一带一路"农业科技发展,促进国家间农业领域经贸合作。中国与巴基斯坦合作建设的卡拉奇核电站K2、K3 两台"华龙一号"核电机组建成投运,中国与哈萨克斯坦合资的乌里宾核燃料元件组装厂成功投产,中国—东盟和平利用核技术论坛为共建国家开展核技术产业合作、助力民生和经济发展建立了桥梁和纽带。中国企业与共建国家政府、企业合作共建的海外产业园超过 70 个,中马、中印尼"两国双园"及中白工业园、中阿(联酋)产能合作示范园、中埃(及)·泰达苏伊士经贸合作区等稳步推进。

(四) 资金融通日益多元

资金融通是共建"一带一路"的重要支撑。共建国家及有关机构积极开展多种形式的金融合作,创新投融资模式、拓宽投融资渠道、丰富投融资主体、完善投融资机制,大力推动政策性金融、开发性金融、商业性金融、合作性金融支持共建"一带一路",努力构建长期、稳定、可持续、风险可控的投融资体系。

金融合作机制日益健全。中国国家开发银行推动成立中国—中东欧银联体、中国—阿拉伯国家银联体、中国—东盟银联体、中日韩—东盟银联体、中非金融合作银联体、中拉开发性金融合作机制等多边金融合作机制，中国工商银行推动成立"一带一路"银行间常态化合作机制。截至2023年6月底，共有13家中资银行在50个共建国家设立145家一级机构，131个共建国家的1770万家商户开通银联卡业务，74个共建国家开通银联移动支付服务。"一带一路"创新发展中心、"一带一路"财经发展研究中心、中国—国际货币基金组织联合能力建设中心相继设立。中国已与20个共建国家签署双边本币互换协议，在17个共建国家建立人民币清算安排，人民币跨境支付系统的参与者数量、业务量、影响力逐步提升，有效促进了贸易投资便利化。金融监管合作和交流持续推进，中国银保监会（现国家金融监督管理总局）、证监会与境外多个国家的监管机构签署监管合作谅解备忘录，推动建立区域内监管协调机制，促进资金高效配置，强化风险管控，为各类金融机构及投资主体创造良好投资条件。

投融资渠道平台不断拓展。中国出资设立丝路基金，并与相关国家一道成立亚洲基础设施投资银行。丝路基金专门服务于"一带一路"建设,截至 2023 年 6 月底,丝路基金累计签约投资项目 75 个,承诺投资金额约 220.4 亿美元;亚洲基础设施投资银行已有 106 个成员,批准 227 个投资项目,共投资 436 亿美元,项目涉及交通、能源、公共卫生等领域,为共建国家基础设施互联互通和经济社会可持续发展提供投融资支持。中国积极参与现有各类融资安排机制,与世界银行、亚洲开发银行等国际金融机构签署合作备忘录,与国际金融机构联合筹建多边开发融资合作中心,与欧洲复兴开发银行加强第三方市场投融资合作,与国际金融公司、非洲开发银行等开展联合融资,有效撬动市场资金参与。中国发起设立中国—欧亚经济合作基金、中拉合作基金、中国—中东欧投资合作基金、中国—东盟投资合作基金、中拉产能合作投资基金、中非产能合作基金等国际经济合作基金,有效拓展了共建国家投融资渠道。中国国家开发银行、中国进出口银行分别设立"一带一路"专项贷款,集中资源加大对共建"一带一路"的融资支持。截至 2022 年底,中国国家开发银行已直接为 1300 多个"一带一路"项目提供了优质金融服务,有效发挥了开发性金融引领、汇聚境内外各类资金共同参与共建"一带一路"的融资先导作用;中国进出口银行"一带一路"贷款余额达 2.2 万亿

元,覆盖超过 130 个共建国家,贷款项目累计拉动投资 4000
多亿美元,带动贸易超过 2 万亿美元。中国信保充分发挥
出口信用保险政策性职能,积极为共建"一带一路"提供综
合保障。

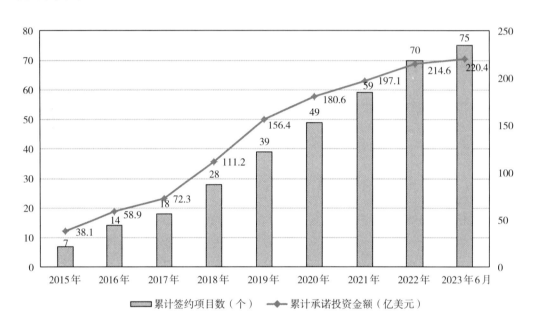

图 3   2015 年以来丝路基金历年累计签约项目数和承诺投资金额

投融资方式持续创新。基金、债券等多种创新模式不
断发展,共建"一带一路"金融合作水平持续提升。中国证
券行业设立多个"一带一路"主题基金,建立"一带一路"主
题指数。2015 年 12 月,中国证监会正式启动境外机构在交
易所市场发行人民币债券("熊猫债")试点,截至 2023 年 6
月底,交易所债券市场已累计发行"熊猫债"99 只,累计发
行规模 1525.4 亿元;累计发行"一带一路"债券 46 只,累计

发行规模 527.2 亿元。绿色金融稳步发展。2019 年 5 月，中国工商银行发行同时符合国际绿色债券准则和中国绿色债券准则的首只"一带一路"银行间常态化合作机制（BRBR）绿色债券；截至 2022 年底，已有 40 多家全球大型机构签署了《"一带一路"绿色投资原则》；2023 年 6 月，中国进出口银行发行推进共建"一带一路"国际合作和支持共建"一带一路"基础设施建设主题金融债。中国境内证券期货交易所与共建国家交易所稳步推进股权、产品、技术等方面务实合作，积极支持哈萨克斯坦阿斯塔纳国际交易所、巴基斯坦证券交易所、孟加拉国达卡证券交易所等共建或参股交易所市场发展。

债务可持续性不断增强。按照平等参与、利益共享、风险共担的原则，中国与 28 个国家共同核准《"一带一路"融资指导原则》，推动共建国家政府、金融机构和企业重视债务可持续性，提升债务管理能力。中国借鉴国际货币基金组织和世界银行低收入国家债务可持续性分析框架，结合共建国家实际情况制定债务可持续性分析工具，发布《"一带一路"债务可持续性分析框架》，鼓励各方在自愿基础上使用。中国坚持以经济和社会效益为导向，根据项目所在国需求及实际情况为项目建设提供贷款，避免给所在国造成债务风险和财政负担;投资重点领域是互联互通基础设施项目以及共建国家急需的民生项目,为共建国家带来了有效投资,增加了优质资产,增强了发展动力。许多智库专家和国际机构研究指出,几乎所有"一带一路"项目都是由东道国出于本国经济发展和民生改善而发起的,其遵循的是经济学逻辑,而非地缘政治逻辑。

(五) 民心相通基础稳固

民心相通是共建"一带一路"的社会根基。共建国家传承和弘扬丝绸之路友好合作精神,广泛开展文化旅游合作、教育交流、媒体和智库合作、民间交往等,推动文明互学互鉴和文化融合创新,形成了多元互动、百花齐放的人文交流格局,夯实了共建"一带一路"的民意基础。

文化旅游合作丰富多彩。截至 2023 年 6 月底,中国已与 144 个共建国家签署文化和旅游领域合作文件。中国与共建国家共同创建合作平台,成立了丝绸之路国际剧院联盟、博物馆联盟、艺术节联盟、图书馆联盟和美术馆联盟,成员单位达 562 家,其中包括 72 个共建国家的 326 个文化机构。中国不断深化对外文化交流,启动实施"文化丝路"计划,广泛开展"欢乐春节""你好!中国""艺汇丝路"等重点品牌活动。中国与文莱、柬埔寨、希腊、意大利、马来西亚、俄罗斯及东盟等共同举办文化年、旅游年,与共建国家互办文物展、电影节、艺术节、图书展、音乐节等活动及图书广播影视精品创作和互译互播,实施"一带一路"主题舞台艺术作品创作推广项目、"一带一路"国际美术工程和文化睦邻工程,扎实推进亚洲文化遗产保护行动。中国在 44 个国家设立 46 家海外中国文化中心,其中共建国家 32 家;在 18 个国家设立 20 家旅游办事处,其中共建国家 8 家。

教育交流合作广泛深入。中国发布《推进共建"一带一路"教育行动》,推进教育领域国际交流与合作。截至 2023 年 6 月底,中国已与 45 个共建国家和地区签署高等教育学历学位互认协议。中国设立"丝绸之路"中国政府奖学金,中国地方省份、中国香港特别行政区、中国澳门特别行政区和高校、科研机构也面向共建国家设立了奖学金。中国院校在 132 个共建国家办有 313 所孔子学院、315 所孔子课堂;"汉语桥"夏令营项目累计邀请 100 余个共建国家近 5 万名青少年来华访学,支持 143 个共建国家 10 万名中文爱好者线上学习中文、体验中国文化。中国院校与亚非欧三大洲的 20 多个共建国家院校合作建设一批鲁班工坊。中国与联合国教科文组织连续 7 年举办"一带一路"青年创意与遗产论坛及相关活动;合作设立丝绸之路青年学者资助计划,已资助 24 个青年学者研究项目。中国政府原子能奖学金项目已为 26 个共建国家培养了近 200 名和平利用核能相关专业的硕博士研究生。共建国家还充分发挥"一带一路"高校战略联盟、"一带一路"国际科学组织联盟等示范带动作用,深化人才培养和科学研究国际交流合作。

媒体和智库合作成果丰硕。媒体国际交流合作稳步推进,共建国家连续成功举办 6 届"一带一路"媒体合作论坛,建设"丝路电视国际合作共同体"。中国—阿拉伯国家广播电视合作论坛、中非媒体合作论坛、中国—柬埔寨广播电视定期合作会议、中国—东盟媒体合作论坛、澜湄视听周等双多边合作机制化开展,亚洲—太平洋广播联盟、阿拉伯国家广播联盟等国际组织活动有声有色,成为凝聚共建国家共识的重要平台。中国与共建国家媒体共同成立"一带一路"新闻合作联盟,积极推进国际传播"丝路奖"评选活动,截至 2023 年 6 月底,联盟成员单位已增至 107 个国家的 233 家媒体。智库交流更加频繁,"一带一路"国际合作高峰论坛咨询委员会于 2018 年成立,"一带一路"智库合作联盟已发展亚洲、非洲、欧洲、拉丁美洲合作伙伴合计 122 家,16 家中外智库共同发起成立"一带一路"国际智库合作委员会。

民间交往不断深入。民间组织以惠民众、利民生、通民心为行动目标,不断织密合作网。在第二届"一带一路"国际合作高峰论坛民心相通分论坛上,中国民间组织国际交流促进会等中外民间组织共同发起"丝路一家亲"行动,推动中外民间组织建立近 600 对合作伙伴关系,开展 300 余个民生合作项目,"深系澜湄""国际爱心包裹""光明行"等品牌项目产生广泛影响。60 余个共建国家的城市同中国多个城市结成 1000 余对友好城市。72 个国家和地区的352 家民间组织结成丝绸之路沿线民间组织合作网络,开展民生项目和各类活动 500 余项,成为共建国家民间组织开展交流合作的重要平台。

（六）新领域合作稳步推进

共建国家发挥各自优势,不断拓展合作领域、创新合作模式,推动健康、绿色、创新、数字丝绸之路建设取得积极进展,国际合作空间更加广阔。

卫生健康合作成效显著。共建国家积极推进"健康丝绸之路"建设,推动构建人类卫生健康共同体,建立紧密的卫生合作伙伴关系。截至 2023 年 6 月底,中国已与世界卫生组织签署《关于"一带一路"卫生领域合作的谅解备忘录》，与 160 多个国家和国际组织签署卫生合作协议，发起和参与中国—非洲国家、中国—阿拉伯国家、中国—东盟卫生合作等 9 个国际和区域卫生合作机制。中国依托"一带一路"医学人才培养联盟、医院合作联盟、卫生政策研究网络、中国—东盟健康丝绸之路人才培养计划（2020—2022）等，为共建国家培养数万名卫生管理、公共卫生、医学科研等专业人才，向 58 个国家派出中国医疗队，赴 30 多个国家开展"光明行"，免费治疗白内障患者近万名，多次赴南太岛国开展"送医上岛"活动，与湄公河流域的国家、中亚国家、蒙古国等周边国家开展跨境医疗合作。新冠疫情暴发以后，中国向 120 多个共建国家提供抗疫援助，向 34 个国家派出 38 批抗疫专家组，同 31 个国家发起"一带一路"疫苗合作伙伴关系倡议，向共建国家提供 20 余亿剂疫苗，与 20 余个国家开展疫苗生产合作，提高了疫苗在发展中国家的可及性和可负担性。中国与 14 个共建国家签订传统医药合作文件，8 个共建国家在本国法律法规体系内对中医药发展予以支持，30 个中医药海外中心投入建设，百余种中成药在共建国家以药品身份注册上市。

绿色低碳发展取得积极进展。中国与共建国家、国际组织积极建立绿色低碳发展合作机制，携手推动绿色发展、共同应对气候变化。中国先后发布《关于推进绿色"一带一路"建设的指导意见》《关于推进共建"一带一路"绿色发展的意见》等，提出 2030 年共建"一带一路"绿色发展格局基本形成的宏伟目标。中国与联合国环境规划署签署《关于建设绿色"一带一路"的谅解备忘录（2017—2022）》，与 30 多个国家及国际组织签署环保合作协议，与 31 个国家共同发起"一带一路"绿色发展伙伴关系倡议，与超过 40 个国家的 150 多个合作伙伴建立"一带一路"绿色发展国际联盟，与 32 个国家建立"一带一路"能源合作伙伴关系。中国承诺不再新建境外煤电项目，积极构建绿色金融发展平台和国际合作机制，与共建国家开展生物多样性保护合作研究，共同维护海上丝绸之路生态安全，建设"一带一路"生态环保大数据服务平台和"一带一路"环境技术交流与转移中心，实施绿色丝路使者计划。中国实施"一带一路"应对气候变化南南合作计划，与 39 个共建国家签署 47 份气候变化南南合作谅解备忘录，与老挝、柬埔寨、塞舌尔合作建设低碳示范区，与 30 多个发展中国家开展 70 余个减缓和适应气候变化项目，培训了 120 多个国家 3000 多人次的环境管理人员和专家学者。2023 年 5 月，中国进出口银行联合国家开发银行、中国信保等 10 余家金融机构发布

《绿色金融支持"一带一路"能源转型倡议》,呼吁有关各方持续加大对共建国家能源绿色低碳转型领域支持力度。

科技创新合作加快推进。共建国家加强创新合作,加快技术转移和知识分享,不断优化创新环境、集聚创新资源,积极开展重大科技合作和共同培养科技创新人才,推动科技创新能力提升。2016 年 10 月,中国发布《推进"一带一路"建设科技创新合作专项规划》;2017 年 5 月,"一带一路"科技创新行动计划正式启动实施,通过联合研究、技术转移、科技人文交流和科技园区合作等务实举措,提升共建国家的创新能力。截至 2023 年 6 月底,中国与 80 多个共建国家签署《政府间科技合作协定》,"一带一路"国际科学组织联盟(ANSO)成员单位达 58 家。2013 年以来,中国支持逾万名共建国家青年科学家来华开展短期科研工作和交流,累计培训共建国家技术和管理人员 1.6 万余人次,面向东盟、南亚、阿拉伯国家、非洲、拉美等区域建设了 9 个跨国技术转移平台,累计帮助 50 多个非洲国家建成 20 多个农业技术示范中心,在农业、新能源、卫生健康等领域启动建设 50 余家"一带一路"联合实验室。中国与世界知识产权组织签署《加强"一带一路"知识产权合作协议》及修订与延期补充协议,共同主办两届"一带一路"知识产权高级别会议,并发布加强知识产权合作的《共同倡议》和《联合声明》;与 50 余个共建国家和国际组织建立知识产权合作关系,共同营造尊重知识价值的创新和营商环境。

"数字丝绸之路"建设亮点纷呈。共建国家加强数字领域的规则标准联通,推动区域性数字政策协调,携手打造开放、公平、公正、非歧视的数字发展环境。截至 2022 年底,中国已与 17 个国家签署"数字丝绸之路"合作谅解备忘录,与 30 个国家签署电子商务合作谅解备忘录,与 18 个国家和地区签署《关于加强数字经济领域投资合作的谅解备忘录》,提出并推动达成《全球数据安全倡议》《"一带一路"数字经济国际合作倡议》《中国—东盟关于建立数字经济合作伙伴关系的倡议》《中阿数据安全合作倡议》《"中国+中亚五国"数据安全合作倡议》《金砖国家数字经济伙伴关系框架》等合作倡议,牵头制定《跨境电商标准框架》。积极推进数字基础设施互联互通,加快建设数字交通走廊,多条国际海底光缆建设取得积极进展,构建起 130 套跨境陆缆系统,广泛建设 5G 基站、数据中心、云计算中心、智慧城市等,对传统基础设施如港口、铁路、道路、能源、水利等进行数字化升级改造,"中国—东盟信息港"、"数字化中欧班列"、中阿网上丝绸之路等重点项目全面推进,"数字丝路地球大数据平台"实现多语言数据共享。空间信息走廊建设成效显著,中国已建成连接南亚、非洲、欧洲和美洲的卫星电信港,中巴(西)地球资源系列遥感卫星数据广泛应用于多个国家和领域,北斗三号全球卫星导航系统为中欧班列、船舶海运等领域提供全面服务;中国与多个共建国家和地区共同研制和发射通信或遥感卫星、建设卫星地面接收站等空间基础设施,依托联合国空间科技教育亚太区域中心(中国)为共建国家培养大量航天人才,积极共建中海联合月球和深空探测中心、中阿空间碎片联合观测中心、澜湄对地观测数据合作中心、中国东盟卫星应用信息中心、中非卫星遥感应用合作中心,利用高分卫星 16 米数据共享服务平台、"一带一路"典型气象灾害分析及预警平台、自然资源卫星遥感云服务平台等服务于更多共建国家。

专栏 2 "丝路电商"拓展经贸合作新渠道

　　以跨境电商、海外仓为代表的国际贸易新业态和新模式蓬勃发展,为全球消费者提供更为便利的服务和更加多元的选择,正在有力推动全球贸易创新。"丝路电商"是中国充分发挥电子商务技术应用、模式创新和市场规模等优势,与共建国家拓展经贸合作领域、共享数字发展机遇的重要举措。截至 2023 年 9 月底,中国已与五大洲 30 个国家建立双边电子商务合作机制,在中国—中东欧国家、中国—中亚机制等框架下建立了电子商务多边合作机制。"双品网购节丝路电商专场""非洲好物

网购节"等特色活动成效显著,线上国家馆促进伙伴国优质特色产品对接中国市场。"云上大讲堂"已为80多个国家开展线上直播培训,成为共建国家共同提升数字素养的创新实践。"丝路电商"不断丰富合作内涵,提升合作水平,已经成为多双边经贸合作的新平台、高质量共建"一带一路"的新亮点。

四、为世界和平与发展注入正能量

10 年来，共建"一带一路"取得显著成效，开辟了世界经济增长的新空间，搭建了国际贸易和投资的新平台，提升了有关国家的发展能力和民生福祉，为完善全球治理体系拓展了新实践，为变乱交织的世界带来更多确定性和稳定性。共建"一带一路"，既发展了中国，也造福了世界。

（一）为共建国家带来实实在在的好处

发展是人类社会的永恒主题。共建"一带一路"聚焦发展这个根本性问题，着力解决制约发展的短板和瓶颈，为共建国家打造新的经济发展引擎，创建新的发展环境和空间，增强了共建国家的发展能力，提振了共建国家的发展信心，改善了共建国家的民生福祉，为解决全球发展失衡问题、推动各国共同走向现代化作出贡献。

激活共建国家发展动力。10 年来，共建"一带一路"着力解决制约大多数发展中国家互联互通和经济发展的主要瓶颈,实施一大批基础设施建设项目,推动共建国家在铁路、公路、航运、管道、能源、通信及基本公共服务基础设施建设方面取得长足进展,改善了当地的生产生活条件和发展环境,增强了经济发展造血功能。一些建设周期长、服务长远发展的工程项目,就像播下的种子,综合效益正在逐步展现出来。基础设施的联通,有效降低了共建国家参与国际贸易的成本,提高了接入世界经济的能力和水平,激发了更大发展潜力、更强发展动力。亚洲开发银行的研究表明,内陆国家基础设施贸易成本每降低 10%,其出口将增加 20%。产业产能合作促进了共建国家产业结构升级,提高了工业化、数字化、信息化水平,促进形成具有竞争力的产业体系,增强了参与国际分工合作的广度和深度,带来了更多发展机遇、更大发展空间。中国积极开展应急管理领域国际合作,先后派出救援队赴尼泊尔、莫桑比克、土耳其等国家开展地震、洪灾等人道主义救援救助行动,向汤加、马达加斯加等国家提供紧急人道主义物资援助和专家技术指导。

增强共建国家减贫能力。发展中国家仍面临粮食问题。中国积极参与全球粮农治理,与相关国家发布《共同推进"一带一路"建设农业合作的愿景与行动》,与近 90 个共建国家和国际组织签署了 100 余份农渔业合作文件,与共建国家农产品贸易额达 1394 亿美元,向 70 多个国家和地区派出 2000 多名农业专家和技术人员,向多个国家推广示范菌草、杂交水稻等 1500 多项农业技术,帮助亚洲、非洲、南太平洋、拉美和加勒比等地区推进乡村减贫,促进共建国家现代农业发展和农民增收。促进就业是减贫的重要途径。在共建"一带一路"过程中,中国与相关国家积极推进产业园区建设,引导企业通过开展高水平产业合作为当地居民创造就业岗位,实现了"一人就业,全家脱贫"。麦肯锡公司的研究报告显示,中国企业在非洲雇员本地化率达 89%,有效带动了本地人口就业。世界银行预测,到 2030 年,共建"一带一路"相关投资有望使共建国家 760 万人摆脱极端贫困、3200 万人摆脱中度贫困。

专栏3　菌草扶贫得到世界普遍赞誉

中国的菌草技术实现了光、热、水三大农业资源综合高效利用,植物、动物、菌物三物循环生产,经济、社会、环境三大效益结合,有利于生态、粮食、能源安全。

2001 年,菌草技术作为官方援助项目首次在巴布亚新几内亚落地。20 多年来,中国已举办 270 多期菌草技术国际培训班,为 106 个国家培训 1 万多名学员,在亚非拉和南太平洋地区的 13 个国家建立了菌草技术试验示范中心或基地。如今,菌草技术已经在 100 多个国家落地生根,给当地青年和妇女创造了数十万个绿色就业机会。巴新前内阁部长给女儿起名"菌草"。莱索托人民创作歌颂菌草的民歌,至今仍在传唱。2017年,菌草技术项目被列为"中国—联合国和平与发展基金"重点项目,为国际减贫事业贡献更多中国智慧和中国方案。

民生项目成效显著。维修维护桥梁,解决居民出行难题;打出水井,满足村民饮水需求;安装路灯,照亮行人夜归之路……一个个"小而美""惠而实"的民生工程、民心工程,帮助当地民众解决了燃眉之急、改善了生活条件,增进了共建国家的民生福祉,为各国人民带来实实在在的获得感、幸福感、安全感。10年来,中国企业先后在共建国家实施了300多个"爱心助困""康复助医""幸福家园"项目,援建非洲疾病预防控制中心总部、巴基斯坦瓜达尔博爱医疗急救中心,帮助喀麦隆、埃塞俄比亚、吉布提等国解决民众饮水难问题,等等。"丝路一家亲"行动民生合作项目涵盖扶贫救灾、人道救援、环境保护、妇女交流合作等20多个领域,产生了广泛影响。

> **专栏4　甘泉行动增进澜湄地区民生福祉**
>
> 2020年1月起,中国通过实施"澜湄甘泉行动计划——澜湄国家农村供水安全保障技术示范"项目,在柬埔寨、老挝和缅甸等国典型区域开

展农村安全供水示范工程,显著提升当地农村供水工程建设水平和供水安全保障能力,在推动澜湄国家实现联合国 2030 年可持续发展目标中的"水与卫生"指标、促进民生改善等方面发挥了积极作用。截至 2022 年 12 月,在澜湄国家共计建成农村供水安全保障技术示范点 62 处,为 7000 多名居民提供饮水安全保障,累计为澜湄国家农村供水相关管理部门和工程运行管理人员提供 400 余人次培训交流机会。

（二）为经济全球化增添活力

在逆全球化思潮不断涌动的背景下,共建"一带一路"致力于实现世界的互联互通和联动发展,进一步打通经济全球化的大动脉,畅通信息流、资金流、技术流、产品流、产业流、人员流,推动更大范围、更高水平的国际合作,既做大又分好经济全球化的"蛋糕",努力构建普惠平衡、协调包容、合作共赢、共同繁荣的全球发展格局。

增强全球发展动能。共建"一带一路"将活跃的东亚经济圈、发达的欧洲经济圈、中间广大腹地经济发展潜力巨大的国家联系起来,进一步拉紧同非洲、拉美大陆的经济合作网络,推动形成一个欧亚大陆与太平洋、印度洋和大西洋完全连接、陆海一体的全球发展新格局,在更广阔的经济地理空间中拓展国际分工的范围和覆盖面,扩大世界市场,最终促进世界经济新的增长。同时,共建"一带一路"通过基础设施互联互通带来了国际投资的催化剂效果,激发了全球对基础设施投资的兴趣和热情,既有利于共建国家经济成长和增益发展,又有效解决国际公共产品供给不足问题,为世界经济增长提供持续动力。

深化区域经济合作。共建"一带一路"依托基础设施互联互通,推动各国全方位多领域联通,由点到线再到面,逐步放大发展辐射效应,推动各国经济政策协调、制度机制对接,创新合作模式,开展更大范围、更高水平、更深层次的区域合作,共同打造开放、包容、均衡、普惠的区域经济合作框架,促进经济要素有序自由流动、资源高效配置和市场深度融合,提升国家和地区间经济贸易关联性、活跃度和共建国家在全球产业链供应链价值链中的整体位置。各国充分运用自身要素禀赋,增强彼此之间产业链的融合性、互动性、协调性,推动产业优势互补,提升分工效率,共同推动产业链升级;打破贸易壁垒和市场垄断,释放消费潜力,推动跨境消费,共同扩大市场规模,形成区域大市场;通过产业合作中的技术转移与合作,建立技术互动和彼此依存关系,共同提高创新能力,推动跨越式发展。

促进全球贸易发展。共建"一带一路"有计划、有步骤地推进交通、信息等基础设施建设和贸易投资自由化便利化,消除了共建国家内部、跨国和区域间的交通运输瓶颈及贸易投资合作障碍,极大提升了对外贸易、跨境物流的便捷度和国内国际合作效率,构建起全方位、多层次、复合型的贸易畅通网络,推动建立全球贸易新格局,对全球贸易发展发挥了重要促进作用。同时,共建"一带一路"增强了参与国家和地区对全球优质资本的吸引力,提升了其在全球跨境直接投资中的地位。其中,2022年东南亚跨境直接投资流入额占全球比重达到17.2%,较2013年上升了9个百分点;流入哈萨克斯坦的外商直接投资规模同比增速高达83%,为历史最高水平。世界银行《"一带一路"经济学:交通走廊的机遇与风险》研究报告显示,共建"一带一路"倡议提出之前,六大经济走廊的贸易低于其潜力的30%,外国直接投资低于其潜力的70%;共建"一带一路"实施以来,仅通过基础设施建设,就可使全球贸易成本降低1.8%,使中国—中亚—西亚经济走廊上的贸易成本降低10%,为全球贸易便利化和经济增长作出重要贡献;将使参与国贸易增长2.8%—9.7%、全球贸易增长1.7%—6.2%、全球收入增加0.7%—2.9%。

中老铁路是连接中国昆明市和老挝万象市的电气化铁路,是共建"一带一路"倡议提出后第一个以中方为主投资建设、共同运营并与中国铁路网直接联通的跨国铁路,全长 1035 公里,于 2021 年 12 月 3 日正式开通运营。2023 年 4 月 13 日,中老铁路开行国际旅客列车,昆明至万象间动车直达。

作为泛亚铁路中线重要组成部分,中老铁路改变了老挝交通运输格局,实现了老挝从"陆锁国"到"陆联国"的夙愿,推动了交通、投资、物流、旅游等多方面的发展,为老挝及沿线地区经济发展注入新动力。截至 2023 年 8 月 31 日,中老铁路累计发送旅客 2079 万人次、货物 2522 万吨,成为联通内外、辐射周边、双向互济、安全高效的国际黄金大通道。

中老铁路是民心工程,也是廉洁示范工程。中老两党两国领导人就"将中老铁路建成廉洁之路"达成重要共识,两国纪检监察部门建立政府层面的监督协调机制,参建企业始终把廉洁建设与工程建设同谋划、同部署、同实施、同检查,加强制度机制建设和过程管控,创新反腐败合作方式,共同推进中老铁路廉洁建设,将中老铁路建设成为友谊之路、廉洁之路、幸福之路。

世界银行《从内陆到陆联:释放中老铁路联通潜力》研究报告称,从长期看,中老铁路将使老挝总收入提升 21%;到 2030 年,每年沿中老铁路途经老挝的过境贸易将达到 390 万吨,包括从海运转向铁路的 150 万吨。

维护全球供应链稳定。共建"一带一路"致力于建设高效互联的国际大通道,对维护全球供应链稳定畅通具有重要作用。新冠疫情期间,港口和物流公司纷纷取消或减少船舶和货运的服务,以海运为主的全球供应链受到严重冲击。中欧班列作为共建"一带一路"的拳头产品,有效提升了亚欧大陆铁路联通水平和海铁、公铁、空铁等多式联运发展水平,开辟了亚欧大陆供应链的新通道,叠加"关铁通"、铁路快通等项目合作及通关模式创新,为保障全球经济稳定运行作出重要贡献。多个国际知名物流协会公开表示,中欧班列为世界提供了一种能够有效缓解全球供应链紧张难题、增强国际物流保障能力的可靠物流方案。

(三) 为完善全球治理提供新方案

治理赤字是全球面临的严峻挑战。共建"一带一路"坚持真正的多边主义,践行共商共建共享的全球治理观,坚持对话而不对抗、拆墙而不筑墙、融合而不脱钩、包容而不排他,为国家间交往提供了新的范式,推动全球治理体系朝着更加公正合理的方向发展。

全球治理理念得到更多认同。共商共建共享等共建"一带一路"的核心理念被写入联合国、中非合作论坛等国际组织及机制的重要文件。人类命运共同体理念深入人心,中老命运共同体、中巴命运共同体等双边命运共同体越来越多,中非命运共同体、中阿命运共同体、中拉命运共同体、中国—东盟命运共同体、中国—中亚命运共同体、中国—太平洋岛国命运共同体等多边命运共同体建设稳步推进,网络空间命运共同体、海洋命运共同体、人类卫生健康共同体等不断落地生根。当代中国与世界研究院2020年发布的《中国国家形象全球调查报告》显示,共建"一带一路"倡议是海外认知度最高的中国理念和主张,超七成海外受访者认可共建"一带一路"倡议对个人、国家和全球治理带来的积极意义。欧洲智库机构布鲁盖尔研究所2023年4月发布《"一带一路"倡议的全球认知趋势》报告指出,世界各国对共建"一带一路"整体上持正面评价,特别是中亚到撒哈拉以南非洲等地区的广大发展中国家对共建"一带一路"的感情非常深厚。

多边治理机制更加完善。共建"一带一路"恪守相互尊重、平等相待原则,坚持开放包容、互利共赢,坚持维护国际公平正义,坚持保障发展中国家发展权益,是多边主义的生动实践。共建"一带一路"坚决维护联合国权威和地位,着力巩固和加强世界贸易组织等全球多边治理平台的地位和有效性,为完善现有多边治理机制注入强劲动力。共建"一带一路"积极推进亚洲基础设施投资银行等新型多边治理机制建设,加快与合作方共同推进深海、极地、外空、网络、人工智能等新兴领域的治理机制建设,丰富拓展了多边主义的内涵和实践。共建"一带一路"增强了发展中国家和新兴经济体在世界市场体系中的地位和作用,提升了其在区域乃至全球经济治理中的话语权,更多发展中国家的关切和诉求被纳入全球议程,对改革完善全球治理意义重大。

全球治理规则创新优化。共建"一带一路"充分考虑到合作方在经济发展水平、要素禀赋状况、文化宗教传统等方面的差异,不预设规则标准,不以意识形态划线,而是基于各方的合作诉求和实际情况,通过充分协商和深入交流,在实践中针对新问题共同研究创设规则。共建国家实现战略对接、规划对接、机制对接、项目及规则标准对接与互认,不仅让共建"一带一路"合作规则得到优化,促进了商品要素流动型开放向规则制度型开放转变,更形成了一些具有较强普适性的规则标准,有效地填补了全球治理体系在这些领域的空白。

（四）为人类社会进步汇聚文明力量

文明交流互鉴是推动人类文明进步和世界和平发展的重要动力。在个别国家固守"非此即彼""非黑即白"思维、炮制"文明冲突论""文明优越论"等论调、大搞意识形态对抗的背景下,共建"一带一路"坚持平等、互鉴、对话、包容的文明观,坚持弘扬全人类共同价值,共建各美其美、美美与共的文明交流互鉴之路,推动形成世界各国人文交流、文化交融、民心相通新局面。

人文交流机制日益完善。人文交流领域广泛,内容丰富,涉及政党、文化、艺术、体育、教育等多个方面。中国共产党与世界政党领导人峰会、中国共产党与世界政党高层对话会等各种多双边政党交流机制的世界影响力不断提升,党际高层交往的引领作用得到充分发挥,为增进民心相通汇聚了共识和力量。"一带一路"智库合作联盟、"一带一路"税收征管能力促进联盟、"一带一路"国际科学组织联盟、"一带一路"医学人才培养联盟、丝绸之路国际剧院联盟、丝绸之路博物馆联盟等各类合作机制集中涌现,形成了多元互动、百花齐放的人文交流格局,有力促进了各国民众间相互理解、相互尊重、相互欣赏。中国与吉尔吉斯斯坦、伊朗等中亚西亚国家共同发起成立亚洲文化遗产保护联盟,搭建了亚洲文化遗产领域首个国际合作机制,共同保护文化遗产这一文明的有形载体,所实施的希瓦古城修复项目等文化遗产保护项目得到联合国教科文组织高度评价。

共同打造一批优质品牌项目和活动。丝绸之路(敦煌)国际文化博览会、"一带一路"·长城国际民间文化艺术节、丝绸之路国际艺术节、海上丝绸之路国际艺术节、

"一带一路"青年故事会、"万里茶道"文化旅游博览会等已经成为深受欢迎的活动品牌,吸引了大量民众的积极参与。"丝路一家亲""健康爱心包""鲁班工坊""幸福泉""光明行""爱心包裹""薪火同行国际助学计划""中医药风采行""孔子课堂"等人文交流项目赢得广泛赞誉。不断涌现的精彩活动、优质品牌和标志性工程,已经成为各方共同推进民心相通的重要载体,增强了各国民众对共建"一带一路"的亲切感和认同感。

> **专栏6　鲁班工坊**
>
> 　　鲁班是中国古代一位杰出的工匠和发明家。以鲁班命名的职业教育国际交流平台——鲁班工坊已成为中国职业教育"走出去"的一张"国家名片"。鲁班工坊重点面向东盟、上合组织、非洲国家,采取学历教育和职业培训相结合的方式,分享中国职业教育教学模式、教育技术、教育标准,建设培训中心,提供先进教学设备,组织中国教师和技术人员为合作国培养技术技能人才。自2016年在泰国共建第一个鲁班工坊以来,中国院校已在亚非欧三大洲的20多个共建国家合作建设一批鲁班工坊,开设了工业机器人、新能源、物联网等70多个专业,为相关国家培养了数以万计的技术技能人才,帮助更多年轻人实现就业。小小工坊,承载着各国人民对美好生活的憧憬向往,为共同发展之梦插上了翅膀。

　　青春力量广泛凝聚。共建"一带一路"的未来属于青年。10年来,共建国家青年以实际行动广泛开展人文交流和民生合作,为促进民心相通、实现共同发展汇聚了磅礴的青春力量。"中国青年全球伙伴行动"得到全球广泛响应，100多个国家青年组织和国际组织同中国建立交流合作关系。"一带一路"青年故事会活动连续举办16场，1500多名各国青年代表踊跃参加，围绕脱贫减贫、气候变化、抗疫合作等主题，分享各自在促进社会发展和自身成长进步方面的故事和经历，生动诠释了如何以欣赏、互鉴、共享的视角看待世界。"丝路孵化器"青年创业计划、中国—中东欧国家青年创客国际论坛等活动顺利开展，成为共建国家青年深化友好交流合作的重要平台。

五、推进高质量共建"一带一路"
行稳致远

10 年来的实践充分证明,共建"一带一路"顺潮流、得民心、惠民生、利天下,是各国共同走向现代化之路,也是人类通向美好未来的希望之路,具有强劲的韧性、旺盛的生命力和广阔的发展前景。

当前,世界进入新的动荡变革期,大国博弈竞争加速升级,地缘政治局势持续紧张,全球经济复苏道阻且长,冷战思维、零和思维沉渣泛起,单边主义、保护主义、霸权主义甚嚣尘上,民粹主义抬头趋势明显,新一轮科技革命和产业变革带来的竞争空前激烈,和平赤字、发展赤字、安全赤字、治理赤字持续加重,全球可以预见和难以预见的风险显著增加,人类面临前所未有的挑战。个别国家泛化"国家安全"概念,以"去风险"为名行"脱钩断链"之实,破坏国际经贸秩序和市场规则,危害国际产业链供应链安全稳定,阻塞国际人文、科技交流合作,给人类长远发展制造障碍。在不确定、不稳定的世界中，各国迫切需要以对话弥合分歧、以团结反对分裂、以合作促进发展，共建"一带一路"的意义愈发彰显、前景更加值得期待。

从长远来看，世界多极化的趋势没有变，经济全球化的大方向没有变，和平、发展、合作、共赢的时代潮流没有变，各国人民追求美好生活的愿望没有变，广大发展中国家整体崛起的势头没有变，中国作为最大发展中国家的地位和责任没有变。尽管共建"一带一路"面临一些困难和挑战，但只要各国都能从自身长远利益出发、从人类整体利益出发，共同管控风险、应对挑战、推进合作，共建"一带一路"的未来就充满希望。

作为负责任的发展中大国，中国将继续把共建"一带一路"作为对外开放和对外合作的管总规划，作为中国与世界实现开放共赢路径的顶层设计，实施更大范围、更宽领域、更深层次的对外开放，稳步扩大规则、规制、管理、标准等制度型开放，建设更高水平开放型经济新体制，在开放中实现高质量发展，以中国新发展为世界提供新机遇。中国愿加大对全球发展合作的资源投入，尽己所能支持和帮助发展中国家加快发展，提升新兴市场国家和发展中国家在全球治理中的话语权，为促进世界各国共同发展作出积极贡献。中国真诚欢迎更多国家和国际组织加入共建"一带一路"大家庭,乐见一切真正帮助发展中国家建设基础设施、促进共同发展的倡议,共同促进世界互联互通和全球可持续发展。

在高质量共建"一带一路"的道路上,每一个共建国家都是平等的参与者、贡献者、受益者。中国愿与各方一道,坚定信心、保持定力,继续本着共商、共建、共享的原则,推进共建"一带一路"国际合作,巩固合作基础,拓展合作领域,做优合作项目,共创发展新机遇、共谋发展新动能、共拓发展新空间、共享发展新成果,建设更加紧密的卫生合作伙伴关系、互联互通伙伴关系、绿色发展伙伴关系、开放包容伙伴关系、创新合作伙伴关系、廉洁共建伙伴关系,推动共建"一带一路"高质量发展,为构建人类命运共同体注入新的强大动力。

结　束　语

一个理念,激活了两千多年的文明记忆;一个倡议,激发了150多个国家实现梦想的热情。

共建"一带一路"走过10年,给世界带来引人注目的深刻变化,成为人类社会发展史上具有里程碑意义的重大事件。

作为长周期、跨国界、系统性的世界工程、世纪工程,共建"一带一路"的第一个10年只是序章。从新的历史起点再出发,共建"一带一路"将会更具创新与活力,更加开放和包容,为中国和世界打开新的机遇之窗。

面向未来,共建"一带一路"仍会面临一些困难,但只要各方携手同心、行而不辍,就能不断战胜各种风险和挑战,实现更高质量的共商、共建、共享,让共建"一带一路"越来越繁荣、越走越宽广。

中国愿与各国一道,坚定不移推动高质量共建"一带一路",落实全球发展倡议、全球安全倡议、全球文明倡议,建设一个持久和平、普遍安全、共同繁荣、开放包容、清洁美丽的世界，让和平的薪火代代相传，让发展的动力源源不断，让文明的光芒熠熠生辉，共同绘制人类命运共同体的美好画卷！

责任编辑：刘敬文　王新明

图书在版编目（CIP）数据

共建"一带一路":构建人类命运共同体的重大实践/中华人民共和国国务院新闻
　办公室 著.—北京:人民出版社,2023.10
ISBN 978－7－01－026017－4

Ⅰ.①共…　Ⅱ.①中…　Ⅲ.①"一带一路"-国际合作-研究　Ⅳ.①F125

中国国家版本馆 CIP 数据核字（2023）第 185145 号

共建"一带一路":构建人类命运共同体的重大实践

GONGJIAN YIDAIYILU GOUJIAN RENLEI MINGYUN GONGTONGTI DE ZHONGDA SHIJIAN

（2023 年 10 月）

中华人民共和国国务院新闻办公室

人民出版社 出版发行
（100706　北京市东城区隆福寺街 99 号）

中煤（北京）印务有限公司印刷　新华书店经销

2023 年 10 月第 1 版　2023 年 10 月北京第 1 次印刷
开本:787 毫米×1092 毫米 1/16　印张:4.5
字数:36 千字

ISBN 978－7－01－026017－4　定价:18.00 元

邮购地址 100706　北京市东城区隆福寺街 99 号
人民东方图书销售中心　电话（010）65250042　65289539

ν